L.K?
12/3%

V.652
2

DESCRIPTION DES TABLEAVX DE L'EGLISE DE PARIS.

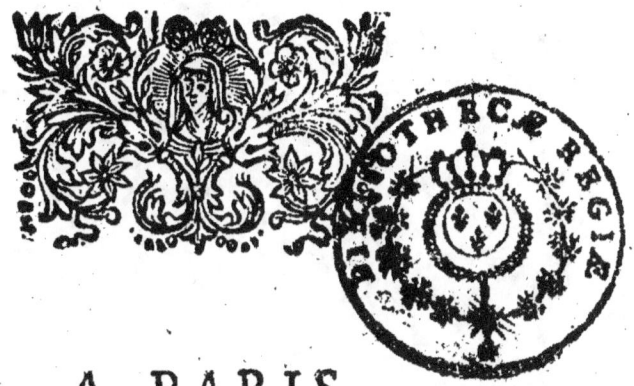

A PARIS,
Chez THOMAS GUILLAIN, ruë neuve
Noſtre-Dame, vis à vis les Enfans trouvez,
à l'Enſeigne du S. Eſprit.

M. DC. LXXVI.
AVEC PERMISSION ET APPROBATION.

LE LIBRAIRE AV LECTEVR.

LES Tableaux dont on vous donne la Description dans ce petit livre, sont des marques de la devotion de la Communauté des Orfévres de Paris, envers la sainte Vierge. Anciennement elle en presentoit un tous les ans le premier iour de May, de la hauteur de trois pieds & demy, & de la largeur de deux & demy; Mais en ayant orné & remply toute la Chappelle de sainte Anne où elle s'assemble, elle resolut dans une assemblée generalle de donner des preuves encores plus grandes de sa devotion par un present plus considerable, en offrant tous les ans au mesme jour que dessus un Tableau de la hauteur de 14. à 15. pieds, & de la largeur de 11. à 12. pieds y compris la bordure dorée. C'est ainsi qu'on les voit dans la Nef & dans le Chœur de l'Eglise de Nostre-Dame de Paris. Ceux qui auront la curiosité de les voir, trouveront dans ce petit Traité le Sujet, l'Auteur, & l'année que chacun de ces Tableaux a esté donné. Chaque Tableau a esté marqué d'un chiffre, qui se rapporte à l'ordre qui luy est donné en ce Traité, par ce qu'estant changé de place selon que le nombre en augmente tous les ans, il demeure toûjours reconnoissable par son chifre en quelque place qu'il soit dans l'Eglise par succession de temps.

DESCRIPTION DES TABLEAVX DE L'EGLISE DE PARIS.

I.

Le Boiteux guery par saint Pierre à la porte du Temple. Act. ch 13.

LE premier Tableau nous represente S. Pierre accompagné de S. Iean, qui tient par la main droite un pauvre boiteux, auquel il rend l'usage de ses jambes, dont il estoit privé dés le ventre de sa mere. On l'exposoit tous les iours à la Belle porte du Temple, afin qu'il demandast l'aumône à ceux qui y venoient pour adorer. Cét homme voyant les SS. Apostres qui y entroient pour estre à la priere qui se faisoit à la neufviéme heure, les pria de luy donner quelque aumône. S. Pierre touché de sa misere, apresavoir commandé à ce pauvre malheureux de le regarder, luy dit; je n'ay ny or ny argent; mais ce que i'ay te le donne : Leve toy au nom de Iesus-Christ & marche. C'est en cét estat qu'il nous est depeint. L'Apostre le prend par la main, il le leve, les plantes & les os de ses pieds deviennent fermes, & ce pauvre homme se levant tout d'un coup en sautant, suit ses bien-faicteurs dans le Temple, où il marche, il saute, & il loüe le Seigneur.

Ce Tableau a esté fait par L'ALLEMENT en 1630. il est dans la Chapelle de sainte Marie Magdeleine qui sert apresent de Sacristie où l'on tient le registre pour recevoir les devotions.

II.
Miracles de la Vierge.

LE second represente les Miracles de la Vierge, arrivez dans l'Eglise de Nostre-Dame és années 1625 & 1628.

Ce Tableau est dans la Chappelle de S. Antoine & de S. Michel, au dessus du lambris vis à vis l'Autel. Il a esté fait par LE MOINE en 1631.

III.
Mort d'Ananie & de Saphire sa femme. Act. ch. 5.

ON voit dãs le troisiéme Tableau l'Apôtre S. Pierre, qui la main encore élevée acheve à peine de prononcer cét anatheme terrible qui foudroye à ses pieds Ananie & Saphire sa femme en presence de toute l'Eglise. Les Fideles dont elle estoit composée n'estoient tous ensemble qu'un cœur & qu'une ame; nul ne consideroit ce qu'il possedoit comme estant à luy en particulier; mais vendant tous les fonds de Terre ou des Maisons qu'ils avoient, ils en apportoient le prix aux pieds des Apostres, qui

le diſtribuoient à chacun ſelon qu'il en avoit
beſoin. Ananie & Saphire ſa femme touchés
de cet exemple vendirent un fonds de terre ;
mais tentés par le Demon auquel ils obeïrent
plûtoſt qu'a la Grace, ils retinrent de concert
une partie du prix qu'ils en avoient receu ; &
apportant le reſte aux pieds des Apoſtres, ils
s'accorderent enſemble pour aſſûrer que c'eſtoit le prix entier de la vente qu'ils avoient
faite. Leur infidelité les rédit les malheureuſes
victimes que la Juſtice divine ſe ſacrifia par le
miniſtere de ſon Apoſtre : Et une vengeance
ſi prompte & ſi rigoureuſe confirma l'Egliſe
naiſſante dans la foy d'un Dieu, dont elle devoit attendre des recompenſes infinies, ſi elle
eſtoit fidelle ; puis qu'il puniſſoit auec tant de
juſtice & de ſeverité ceux qui l'avoient ſi la-
chement abandonnée.

Ce Tableau a eſté fait par feu M. VOŸET le
jeune en 1631.

IV.

Saint Eſtienne. Act. ch. 7.

SAint Eſtienne prie pour ceux qui le lapi-
dent, dans le quatriéme Tableau où il nous
eſt depeint à genoux.

Ce Tableau a eſté fait par L'ALLEMENT en
1633.

V.

Deſcente du S. Eſprit. Act. ch. 2.

LE S. Eſprit, la troiſiéme perſonne de l'a-
dorable Trinité, ce lien de l'Amour du
Pere & du Fils, ce don ineffable que I. C. avoit

tant promis à son Eglise, & qui devoit couronner tous ceux dont il avoit orné cette Epouse; ce divin témoignage de son Amour, décend enfin sur elle sous la forme de la lumiere & du feu. Le lieu est tout éclairé du jour que la Grace y fait naistre, les differentes situations ou les Disciples paroissent à nos yeux, sont les marques sensibles des differens effets que l'Esprit Saint, dont ils sont remplis opere en eux. La divine Marie que vous voyez assise au milieu de cette Eglise naissante, vous témoigne assez par cette joye qui paroît sur son visage, qu'elle a receu une nouvelle plenitude de graces, qui doit ensuite rejaillir sur tous les Fidelles. Cét Apostre infirme, qui sera le fondement inebranlable de l'Eglise ; & qui est sur le devant du Tableau, ne vous paroist plus tel qu'il estoit ces jours passéz chez le grand Prestre Caïphe. C'est presentemét un hôme dont la foy vive & confirmée va côvertir trois mille personnes au premier discours qu'il fera; dont l'ombre puissante & efficace fera evanoüir les maux les plus funestes; & dont la constance & le sang seront les plus fermes soûtiens de l'Empire de son Maistre. Cét autre ne vous semble-t'il pas par son geste, qu'estát remply du don des Langues, il se fait déjà entendre dès Nations les plus reculées: Et celuy-cy ne nous montre-t'il pas par ces yeux élevez au Ciel, qu'il a déja puisé du sein de la Divinité ces profondes & sublimes veritez, qui doivent estre les lumieres eternelles de l'Eglise. Tous enfin nous témoignent, qu'ils ont une sainte impatience d'aller confirmer par leur sang les veritez de l'Evangile, dont ils viennent d'estre remplis.

Ce Tableau a esté fait par feu Monsieur BLANCHARD le pere en 1634.

VI.
Ombre de S. Pierre. Act. ch. 15.

SAint Pierre guerit de son ombre les Malades que l'on exposoit le long des ruës par où il passoit.

Ce Tableau a esté fait par feu Monsieur DE LA HIRE en 1635.

VII.
S. Paul dans l'Areopage. Act. ch. 17.

SAint Paul préche le Dieu inconnu, & la Resurrection des Morts dans l'Areopage de la ville d'Athenes. S. Denis Senateur de l'Areopage, & d'autres qui y estoient presens sont convertis au Seigneur.

Ce Tableau a esté fat par DELESTAIN en 1636. & il est dãs la Sacristie où l'on reçoit les devotions.

VIII.
Conversion de S. Paul. Actes ch. 9.

CEt homme que vous voyez abbatu de son cheval, terrassé par terre, & frappé d'une lumiere du Ciel, tout tremblant, & effrayé, qui dit, Seigneur que voulez-vous que ie fasse ? C'est cét hôme qui plein de menaces, & qui ne respirant que le sang des Disciples de Jesus, couroit avec fureur à Damas pour emprisonner tous ceux qui auoient embrassé sa Foy. Ce furieux, accablé qu'il est sous le bras de celuy dont il se declaroit le plus irreconciliable ennemy, se cherche inutilement dans luy-mesme, il ne se trouve plus. Jesus-Christ qui luy apparoist au milieu de sa Gloire, & qui luy demande d'un ton de Maistre, *Saul, Saul pourquoy me persecut-tu?* illumine son cœur au mesme instant, qu'il aveugle ses yeux ; il l'embrase d'une ardáte amour qui dissipe cette haine invincible, dont il estoit remply il y a quelques moments, & du persecuteur de son Evangile, il en fait le Predicateur intrepide, & la lumiere de son Eglise. *Ce Tableau a esté fait en 1637. par feu Monsieur DE LA HIRE.*

IX.

Vœu du Roy Louys XIII.

Louis le Iuste fait hommage de sa Couronne à Iesus-Christ mort & couché sur les genoux de la Vierge sa Mere qui est assise au pied de la Croix de son Fils. Son enchassure est toute de relief doré avec les armes de sa Majesté au dessous.

Ce Tableau a esté fait par feu Monsieur DE CHAMPAGNE l'aisné en 1638.

X.

L'Eunuque baptisé par S. Philippes Diacre.
Act. ch. 8.

LE Diacre S. Philippes baptise un Seigneur Ethiopien qui estoit Eunuque, & Sur-intédát des Finances de Candace Reine d'Ethiopie. Cet homme revenoit de Ierusalem où il estoit venu pour adorer : Et comme il lisoit ce passage d'Isaïe où il est écrit, *il a esté mené à la boucherie, & il n'a point ouvert la bouche non plus qu'un agneau devant celuy qui le tond ; Dans son abaissement il a esté delivré de la mort à laquelle il avoit esté condamné :* Il donna lieu à ce S. Diacre que l'Esprit de Dieu avoit conduit auprés du chariot où l'Eunuque estoit assis, de luy expliquer cette Prophetie, & de luy faire naistre un ardent desir de recevoir le Baptesme, qu'il luy devoit procurer la grace d'estre regeneré dans le sang de Iesus-Christ.

Ce Tableau a esté fait par feu M. VIGNON *le pere en* 1638.

XI.
Le Centenier Corneille aux pieds de S. Pierre.
Actes chap. 10.

SAint Pierre qui estoit venu de Ioppé à Cesarée dans la maison de Corneille Capitaine de cent hommes dans la Legion Italienne, en relevant cet homme de terre où il s'estoit prosterné pour l'adorer, luy dit humblement, *Ie ne suis, mon frere, qu'un homme non plus que vous, relevez-vous.* Et en mesme temps il luy annonce la Foy selon la vision qu'il en avoit eüe, & le commandement exprés de Dieu qu'il en receut à Ioppé.

Ce Tableau a esté fait par feu M. VOÜET *le ieune en* 1639.

XII.

Delivrance de S. Pierre. Actes chap. 12.

LEvez-vous promptement Pierre, ce sont les paroles que l'Ange du Seigneur dit à cét Apostre, qui est apeine éveillé. Il est tellement surpris de la lumiere celeste, dont son cachot est remply, & de sentir ses mains délivrées des pesantes chaines dont elles estoient chargées; que sachant qu'il doit estre immolé demain à la haine de ses mortels ennemis; il doute encore du grand miracle de sa delivrance, & il s'imagine que tout ce qu'il voit n'est qu'une vision. Vous voyez paroistre sur son visage ces sentimens si opposez; mais dans quelques moments il changera bien de langage: Quand son Liberateur luy aura fait passer & le premier & le second corps de garde. Que cette porte de fer par où l'on va à la ville sera ouverte devant luy; Et qu'il se trouvera le long d'une ruë qu'il connoist, il s'ecriera pour lors au milieu de sa joye. *C'est à cete heure, que ie reconnois veritablement que le Seigneur m'a delivré de la main d'Herodes & de l'attente du peuple Iuif.*

Ce Tableau a esté fait par M. VOÜET le ieune en 1640.

XIII.

Martyre de S Iacques le Majeur. Act. ch. 12.

SAint Iacques frere de S. Iean souffre le premier d'entre les Apostres le Martyre, par le commandement du Roy Herodes Agrippa
qui

qui luy fait couper la teste vers la feste de Pasques pour plaire aux Iuifs, qui ne respiroient que le sang & la mort des Disciples de Iesus. Ce Tableau a esté fait par PREVOST en 1641. il est dans la Chappelle saint Iacques & S. Philippes, au dessous du lambris vis à vis l'Autel.

XIV.

Premier Sermon de saint Pierre. Actes chap. 2.

LE Prince des Apostres ne peut plus contenir dans luy-mesme l'Esprit saint dont il vient d'estre remply. Il sort à peine du Cenacle, que poussé par cette force superieure qui le fait parler, il commance les fonctions de son ministere. Il fait connoistre à ce peuple qui est devant luy, que le don des langues, que ses freres & luy ont receu ne peut estre l'effet des vapeurs, que le vin nouveau ait causé. Les Prophetes dont il explique les Oracles, Les figures de la Loy qu'il prouve estre accomplies dans la personne de Iesus, dont il leur cite les merveilles éclatantes, que ses ennemis qui l'ont pû attacher à une Croix, n'ont pû obscurcir : Leur experiance mesme qu'il atteste ; & le feu de cette charité divine dont tout son discours est animé, émeut, touché, & persuade si efficacement le cœur de ces trois mille personnes qui l'écoutent qu'ils embrassent tous la Foy de Iesus Christ, qu'ils croyent sa Resurrection glorieuse, & qu'ils reçoivent par les mains des Apostres & le Baptesme, & le saint Esprit.

Ce Tableau a esté fait par feu M. PERSON en 1642.

XV.

Martyre de saint Pierre à Rome, par le commandement de Neron.

LE Vicaire de I. C. en terre, Pierre, la pierre fondamentale de l'Eglise, scéle & confirme de son sang les veritez qu'il a preschées pendant sa vie. Rome sera moins la Capitale du monde par le Siege de l'Empire des Cesars, que parce qu'il l'a consacrée à Dieu en y plantant la Foy de I. C. qu'il l'a cultivée de ses travaux & de ses souffrances, & qu'il l'arrose de son sang. La mesme humilité qui luy fit dire autrefois à I. C. *Seigneur retirez-vous de moy, parce que je suis homme pecheur;* Qui luy fit refuser que son Maistre luy lavast les pieds, fait qu'il prie aujourd'huy ses Bourreaux de le crucifier la teste en bas. Il s'estime indigne d'estre mis en Croix de la méme façon que le fils de Dieu y avoit esté. Où plûtost son Amour nous témoigne par cette posture violante qu'il a choisi, qu'ayant tout abandonné pour luy, il ne veut plus avoir d'autre veüe dās les derniers momens qui luy restent pour accomplir son Sacrifice, que celle du Ciel, où sa Foy luy fait voir son Maistre, qui luy tend les bras, & qui luy prepare les Couronnes qui sont deües à ses souffrances & à son Amour.

Ce Tableau a esté fait par feu Monsieur BOURDON en 1643.

XVI.

S. Paul & S. Barnabé refusent le Sacrifice du peuple de la Ville de Lystre. Act. ch. 14.

CEt Autel & ces victimes couronnées de fleurs que vous voyez sur le devant du seizième Tableau, ont esté dressez par cette foule de peuple, & de Prestres qui avec des guirlandes & des cantiques de joye environnent S. Paul & S. Barnabé. La guerison miraculeuse de cét homme boiteux & perclus de ses jambes dés le ventre de sa mere, & qui est auprés d'eux les fait passer pour des Dieux déguisez sous la forme humaine. Ils veulent sacrifier à l'un comme à Iupiter, & à l'autre comme à Mercure. Les SS. Apostres déchirent leurs vestemens ne pouvans souffrir ce sacrilege, & ils sont à peine entendus de cette populace tumultueuse, qui dans quelques momens prevenüe par les Iuifs, prendra des pierres pour les assommer aux pieds mesme de ces Autels, qu'elle leur avoit si superstitieusement dressé. *Ce Tableau a esté fait par M. CORNEILLE l'aisné en 1644.*

XVII.

Le Baptesme de saint Paul par Ananie Disciple de Iesus-Christ. Act. ch. 9.

LEs tenebres épaisses qui environoiét Saul se dissipent, le jour commance à paroistre à ses yeux, & les écailles qui les couvroient tombent à ses pieds. Il croit, il voit, & il est remply du S. Esprit au mesme instant qu'Ana-

B ij

nie Disciple de I. C. auquel il avoit esté envoyé impose sur luy les mains, & luy donne le Baptesme. Il avoit méconnu le Fils de Dieu dans les jours de sa chair, & il avoit esté son plus ardent persecuteur apres sa mort, parce qu'il ne l'avoit veu que par les sens. Il faut qu'il en perde l'usage, & cette lumiere éclatante qui l'aveugla sur le chemin de Damas, luy fait assez connoistre que le cœur doit croire le premier pour flechir l'esprit sous le joug de la Foy. Aussi le voyons nous dans ce Tableau soûtenu par un Fidelle aux pieds de ce venerable veillard qui luy impose les mains. C'est la seule Foy qui l'anime, & il ressent déja ce feu divin qui le doit rendre le vase d'élection, & le Docteur le plus éclairé de l'Eglise. *Ce Tableau a esté fait par Monsieur ERRARD, en 1645.* XVIII.

Miracles de S. Paul dans Ephese. Act. ch 19.

LEs possédez que les enfans d'un Iuif Prince des Prestres nommé Sceva avoient entrepris inutilement d'exorciser au nom de I. C. & que vous voyéz estendus & agitéz par les Demons aux pieds de S. Paul, sont gueris par sa seule presence; Pendant que ces mal-heureux Exorcistes qui avoient voulu usurper un Ministere auquel ils n'avoient point esté appellez, sont eux mesmes possedez par les mesmes Demons qu'ils vouloient chasser hors des corps des autres. *Ce Tableau a esté fait par feu M. BOVLOGNE en 1646.*

XIX.

Martyre de S. André dans Patras ville d'Achaïe, par le commandement d'Egée Proconsul de cette Province.

L'Amant le plus passionné de la Croix du Fils de Dieu, est enfin uny & attaché à elle. Son Amour l'y retient bien mieux que les cloux & les bourreaux ministres de la fureur du Proconsul Egée, qui pretend vanger par sa mort le mépris que ce Saint a fait de ses Idoles. André n'apprehende rien tant que le zele du peuple qui veut qu'on luy rende son Apostre, ne le separe de la Croix qu'il cherit si tendrement Il change cette couche douloureuse, & ce supplice infame en un autel où son amour l'immole à son Dieu. Il en fait une chaire où il presche & par ses paroles & par son exemple les delices de la Croix. Et enfin elle luy sert de tribunal, o selon la promesse de I. C. il juge les Tribus d'Israël qui ont assez de lacheté pour ne pas imiter un exemple si glorieux, apres avoir esté convaincuës par ses paroles de la necessité indispensable de porter sa Croix si l'on veut suivre Jesus-Christ.

Ce Tableau a esté fait par Monsieur LE BRUN en 1647.

XX.

Martyre de saint Simon.

L'Apostre S. Simon apres avoir porté l'Evangile chez les Perses & chez les Peuples les plus éloignez, paroist dans le vingtième

Tableau tout-nud, & assis sur des treteaux ou les bourreaux vont l'étendre & le lier pour l'y scier par le milieu du corps. Ce Mage organe des Demons qu'il adore, & qui est à sa droite, à beau luy proposer leur culte pour éviter un si affreux supplice. Ce S. Apostre les yeux & les mains élevées vers le Ciel, d'où il reçoit la couronne du Martyre, bien loin d'interrompre sa priere, ne daigne pas l'écouter. Il prie Dieu que la mort cruelle qu'il va souffrir soit un exemple de constance, & de force assez puissant pour confirmer dans la Foy ceux qu'il a converty par la predication de l'Evangile. Ce Tableau a esté fait par feu M. BOULOGNE en 1648.

XXI.

Les Gentils bruslent leurs livres de magie dans Ephese. Act. 19.

LE vingt-uniéme Tableau nous represente le triomphe que S. Paul remporte sur les Demons dans la ville d'Ephese. Son eloquence divine soutenüe par des miracles extraordinaires, oblige les Gentils de renoncer publiquement au culte de ces esprits impuissans, qui bien loin d'estre Dieux sont contraints d'abandonner les corps des possedez au premier commandement que l'Apostre leur en fait. Et pour cét effet vous les voyez qui apportent en foule dans cette place magnifique tous les livres de magie qu'ils ont pû trouver. S. Paul qui les y exhorte, & du geste & de la voix sem-

blé les exciter davantage à ce grand Sacrifice;
Ce viellard qui à peine peut trouver des forces pour se soûtenir en reçoit de nouvelles
pour porter aux pieds de l'Apoſtre cette quantité de livres dont il eſt chargé. Ce jeune hôme
souffle ce feu avec une ardeur incroyable, &
tous enfin déchargez qu'ils ſont de ces vains
livres qui ne ſont que des amuſemés criminels
de l'eſprit, ſemblent n'avoir des yeux & des
oreilles que pour entendre les paroles de vie
que ce Docteur des Gentils leur annonce.

C'eſt ce que feu Monſieur LE SVEVR a excellemment traité, en 1649.

XXII.

Saint Paul convertit le Proconſul Serge Paul, & aveugle le faux Prophete Barjeſu qui l'en vouloit empeſcher. Act. ch. 13.

C'Eſt en vain que dans ce ſuperbe Palais
Barjeſu veut empeſcher les effets de la
grace dans le cœur du Proconſul de l'Iſle de
Paphos. Serge Paul cét illuſtre Romain reveſtu des ornemens de ſa dignité, & environné des faiſceaux de l'Empire eſt moins le juge
de cette fameuſe diſpute qui s'émeut devant
luy, que le témoin irreprochable de la victoire que Paul ſerviteur de I. C. y remporte ſur
ce faux prophete eſclave du Demon. Son cœur
croit la parole qui luy eſt annoncée, & ſon
eſprit eſt éclairé de lumieres celeſtes; pendant
que ce mal-heureux Magicien par une juſte
punition du Ciel eſt enveloppé de tenebres,

que ſes yeux s'obſcurciſſent ; & que frappé d'étonnement il cherche quelqu'un qui luy donne la main.

Ce Tableau a eſté fait par M. LOYR en 1650.

XXIII.

Martyre de ſaint Eſtienne. Act. ch. 7.

Voicy la premiere victime qui eſt enlevée du troupeau choiſi, & qui eſt arrachée du ſein de l'Eſpouſe pour eſtre immolée à I. C. Eſtienne cét homme plein de ſageſſe & de force, cét homme remply du S. Eſprit qui faiſoit de grands prodiges & des miracles extraordidaires, a le bon-heur de prouver le premier par ſon ſang la divinité de ſon Maiſtre. Les pierres dont il eſt accablé forment un autel ou cette hoſtie pure & ſainte va eſtre conſumée. Toutes ſes playes ſont autant de bouches ſacrées qui chantent les loüanges de Dieu, & elles ſont les interpretes fidelles des mouvemens interieurs de ſon cœur. C'eſt ainſi qu'eſtendu ſur cét Autel les mains & les yeux élevez vers l'objet de ſon Amour, qu'il voit à la droite de Dieu le Pere. Il nous paroiſt remply d'une nouvelle plenitude de graces. Sa joye eſt non ſeulement interieure, elle ſe répend ſur ſon viſage, elle diſſipe ces caracteres funeſtes que la douleur qu'il reſſent y avoit tracé, & la grace luy rend cette forme angelique que les yeux des Impies ne peuvent ſoûtenir. Il faut que ces mal-heureux miniſtres de la fureur des Juifs détournent leurs yeux pour achever leur crime, comme ils avoient bouché leurs oreilles pour ne pas écouter les paroles toutes ſ feu qui devoient confondre leur opiniaſtreté & leurs cœurs endurcis. Vous les voyez donc dans cet admirable Tableau trāſportez d'une nouvelle rage. Ils conſomment leur ouvrage d'iniquité, le ſang de cét incomparable Martyr monte vers le Ciel, & pouſſe un cry bien differēt de celuy d'Abel; Il obtient du Fils de Dieu qui y eſt preſent, & qui accepte le ſacrifice la converſion de ſes Bourreaux & le pardon de leur crime. Et l'Egliſe avoüera un jour qu'elle doit à la priere efficace de ce ſang la converſion de l'Apoſtre des Gentils.

Ce Tableau a eſté fait par Monſieur LE BRVN en 1 6 1. XXIV.

Thabite eſt reſſuſcitée par S. Pierre. Act. ch. 9.

LA puiſſance du Prince des Apoſtres paroiſt avec beaucoup d'éclat dans le vingt-quatriéme Tableau. Cette Dame qu'il tient par la main eſt la celebre Thabite, qui remplie de bonnes œuvres, & des aumônes qu'elle faiſoit aux fidelles, venoit d'expirer entre les bras de ces femmes que vous voyez ſaiſies de joye de l'avoir recouverte. S. Pierre qui eſtoit venu chez elle ſans eſtre informé de ce funeſte accident, ne pût la refuſer aux larmes & aux inſtantes prieres de ces perſonnes vertueuſes. Elles luy monſtroient les habits dont elle les reveſtoit lors qu'elle eſtoit avec elles. Elles luy expofoient en pleurāt leur neceffitez preffantes. Et elles luy faifoient efperer que cette refurrection éclatante multiplieroit l'Eglife de Lydde qui ne faifoit que de naiftre. Il la leur rend donc apres l'avoir reffufcitée. Tous les caracteres des Sujets de cette Hiftoire y font bien traitez. Cét Air venerable, & cette Majefté puiffante qui vient d'operer un fi grand miracle regne fur le vifage de l'Apôtre. Cette fainte femme ne paroift contante de fa refurrection, que parce qu'elle reffent la grace que Dieu luy fait de la rendre utile à fon Eglife, & que cét Ange qui eft au deffus d'elle luy promet une couronne beaucoup plus glorieufe. Toutes ces femmes dont elle eft environnée, nous témoignent leur furprife, leur admiration, & leurs actions de graces par les attitudes, & les airs de Teftes que feu Monfieur TETELIN leur a donné.

Ce Tableau a fié fait en 1652.

Naufrage de S. Paul dans l'Ifle de Malthe.
Act. ch. 28.

SAint Paul fecoüe dans le feu une vipere qui luy avoit envirōné la main fans en recevoir aucun mal, au grand eftonnement des Malthois, dont il eft entouré. Ils s'entredifoient voicy fans doute un meurtrier, puis qu'apres avoir efté fauvé de la mer, la vengeance divine le pourfuit encore, & ne veut pas le laiffer vivre. Sur le devant du Tableau les reftes du naufrage que cét Apoftre vient de faire paroissent à nos yeux. Le Ciel est troublé, les vagues sont emeuës, & la furieuse tempeste qu'il a soufferte n'est pas encore dissipée. On donne du secours à des femmes, & à des enfans qui ne peuvent pas nager, les autres arrivent à perte d'haleine aux bords de ces rivages, & ils sont les derniers des deux cent soixante & seize personnes qui ont esté miraculeusement preservées de ce mal-heur par les prieres du S. Apostre.

Ce Tableau a esté fait par feu M. PERSON *en* 1653.

XXVI.
Lidie baptisé. Act. ch. 16.

LIdie marchande de Pourpre convertie à la foy par la predication de S. Paul, est baptisée par cét Apostre en presence de quantité de femmes qui sont assemblées hors de la ville de Philippes pour l'écouter.

Ce Tableau a esté fait par HEIMS *en* 1654.

XXVII
Flagellation des SS. Paul & Silas dans la ville de Philippes en Macedoine. Act. ch. 26.

LE vingt-septiéme Tableau nous represente une populace irritée qui déchire les vestements des SS. Paul & Silas, & qui les foüette cruellement. Elle estoit émeüe par les Maistres d'une servante qui se mesloit de predire, & dont ils tiroient un grand profit. Ils en estoient privez par la conversion de cette fille, & par l'absence du Demō prophetique que les Disciples de I. C. avoient chassé de son corps, C'est pourquoy desesperez d'une si grande porte, ils se saisissent des Apostres, ils les mettent entre les mains de cette canaille qu'ils ont souslevée, qui apres les avoir couverts de sang les jette dans le fonds d'un cachot.

Ce Tableau a esté fait par feu M. TETELIN en 1655. XXVIII.

Saint Paul devant le Roy Agrippa. Act. ch. 26.

Saint Paul se justifie devant le Roy Agrippa & Berenice des crimes dont les Iuifs l'avoient chargé. Il y prouve & son innocence & la divinité de I. C. L'attention que ces Princes donnent à cét Illustre accusé, nous témoignent qu'ils sont persuadez des veritez que l'Apostre leur annonce, & qu'ils prononcerõt cét Arrest. *Paul est innocent, il seroit renvoyé en liberté s'il n'en avoit pas appellé à Cæsar.*

Ce Tableau a esté fait par M. VILLEQVAIN en 1656. XXIX.

Martyre de saint Paul.

Enfin l'Apostre des Gentils ne soûpire plus apres le Ciel, il ne sent plus dans ses membres cette loy de sa chair qui le faisoit si souvent écrier, *qui est-ce qui me separera de ce corps de mort.* L'espée que ce bourreau essuye & remet dans son fourreau vient de l'unir à jamais à I. C. Cette couronne sanglante dont il vient d'estre couronné est celle qu'il avoit le plus ardammét desiré. S'il couroit de ville en ville, c'estoit pour la trouver; s'il revoquoit les Iuges devant lesquels il estoit accusé, c'est qu'il sçavoit que son innocence y seroit reconnuë.

nüe. Il ne voit plus en enigme & en figure les veritez adorables, que nos sens grossiers & charnels sont incapables de soûtenir. Il goûte à longs traits ces écoulements de la Divinité dans l'ame des Bien-heureux, dont il n'avoit ressenty pendant sa vie que de legeres effusions. Il voit à son aise ces beautez eternelles qu'il n'avoit veües que comme un éclair dans ses ravissements, & que l'œil humain ne sçauroit voir. Il est pleinement éclairé des maximes de la sagesse de Dieu que l'oreille de l'homme ne peut entendre; il est parfaitement embrasé de ce feu divin, dont une langue & une bouche de chair ne peuvent exprimer les mouvemens; & enfin puisant incessament dans le sein du Pere Eternel des graces & des lumieres nouvelles, le vuide de la Nature humaine est tout remply de la Divinité, & cét abysme qui en appelle un autre, est tout abysmé dans Dieu. Cette Teste sacrée que cette Dame Romaine veut amasser, prononce encore quoy que detachée de son tronc le Nom adorable de Iesus, & ces fontaines qui naissent aux trois lieux differens où elle a finy ses derniers mouvemens, sont des preuves sensibles que le sang que ce grand Apostre vient de repandre, sera le germe sacré qui nous engendrera tous en Iesus-Christ.

Ce Tableau a esté fait par feu M. BOVLOGNE en 1657.

XXX.
Baptesme de Corneille. Act. ch. 10.

LE Centenier Corneille reçoit le Baptesme par les mains de l'Apostre S. Pierre, & est le premier des Gentils qui embrasse la Foy de Iesus-Christ. *Ce Tableau a esté fait par M. CORNEILLE l'aisné en 1658.*

XXXI.
Thabite morte. Act. ch. 9.

THabite vient de mourir entre les bras de ces fidelles qui là pleurent. Nous avons veu dans le vingt-quatriéme Tableau le fameux miracle de sa resurrection par le Prince des Apostres

Ce Tableau a esté fait par DVDOT en 1659.

XXXII.
Martyre de saint Barthelmey.

QVe la veüe de l'horrible supplice du S. Apostre Barthelemy, ne vous fasse pas fuir Chrestiens, comme ce peuple qui surpris d'une cruauté si inoüye, court & fuit pour n'en pas estre le spectateur. Il voit bien un homme estendu sur un chevalet, la teste en bas, les pieds en haut presque depoüillé de sa peau par la violence des cousteaux & des rasoirs qui la luy arrachent; mais il ne voit pas qu'il est revestu au dedans de graces & de forces interieures. Il voit bien les bourreaux qui font ressentir à cét homme intrepide toute la rage de leur Prince; mais il n'apperçoit pas les Anges qui le remplissent de consolation & de joyes, & qui luy apportent des couronnes & des palmes en signe de sa victoire. Vostre foy, Chrestiens, vous les doit rendre sensibles, & vous faire connoistre que toutes les playes dont ce parfait imitateur de I. C. est chargé, sont autant de juges qui condamneront vostre molesse & vos plaisirs, puis que vous avez receu la mesme Foy que ce S. Apostre, pour la verité de laquelle il souffre un si cruel suplice.

Ce Tableau a esté fait par M. PAILLET en 1660. XXXIII.

S. Iacques le majeur guerit un paralitique, & convertit un de ses Iuges en allant au Martyre. Cela est tiré d'Eusebe.

SAint Iacques frere de S. Jean va prouver à I. C. qu'il ne luy répondit pas temerairement, *Oüy Seigneur ie le puis*, quand il luy demanda *s'il pourroit bien boire son Calice*, puis qu'il est le premier des Apostres qui court & vole au Martyre. Le trente-troisiéme Tableau nous represente le grand Miracle que ce S. Apostre fit lors qu'on le conduisoit au supplice. Ce vieillard dont il est embrassé, est un des Iuges qui vient de le condamner, touché qu'il est de la guerison de ce pauvre Paralytique qui emporte son lict, il declare au Saint par ses larmes, que la foy divine dont il vient d'estre éclairé l'oblige à vouloir partager avec luy la gloire de mourir pour I. C. & que Dieu luy promet par l'effusion du sang qu'il va repandre, & la grace du Baptesme, & la couronne du Martyre.

Ce Tableau a esté fait par M. COIPEL en 1661.

XXXIV.

Saint Iean l'Evangeliste est jetté dans une chaudiera bouillante devant la Porte Latine de Rome.

LE Disciple bien aimé de I. C. le fils adoptif de Marie boit aussi bien que son frere sa part du Calice que leur Maistre leur presenta autrefois. Rome est le theatre de son combat comme elle le sera de sa victoire, & l'Eglise se trouvera éclairée de ses plus vives lumieres apres que ce venerable veillard sera sorty sain & entier de ce bain d'huile boüillante, ou vous voyez que ces bourreaux vont le plonger nud par l'ordre de Domitien. Ce sera pour lors que dans l'Isle de Pathmos, du lieu de son exil il laissera à cette sainte Espouse, ses Propheties mysterieuses qui sont écrites dans son Apocalipse; Qu'estant de retour à Ephese il repandra sur elle les rayons de la Divinité du Fils de Dieu, qu'il luy en tracera les sublimes veritez, & qu'il luy fera un fidelle Tableau des actions de son Espoux.

Ce Tableau a esté fait par M. D'HALLE en 1662.

XXXV.

Ravissement de saint Philippes. Act. ch. 8.

L'Eunuque Ethiopien dont nous avons veu le Baptesme dans le dixiéme Tableau nous paroist dans celuy-cy extremement surpris de la disparition du Diacre S. Philippes qui vient de le baptiser. L'Ange du Seigneur le ravit à

ſes yeux, vous voyez qu'il l'enleve dans les airs au haut du Tableau. Et cette abſence ſubite confirme ce nouveau fidelle dans la foy qu'il vient de recevoir.
Ce Tableau a eſté fait par M. BLANCHET en 1663.   XXXVI.

Apparition de I.C. à S. Pierre aupres de Rome.

Pierre qui s'eſtoit ſauvé de ſa priſon, eſt arreſté au milieu de ſa fuite par la veüe de I. C. qui luy apparoiſt ſur le chemin de Rome portant ſa Croix. Cét Apoſtre interdit luy demande, *Seigneur où allez-vous ?* & il aprend de luy par cette reſponſe, *je m'en vais à Rome pour m'y faire encore crucifier une ſeconde fois*, que ſa couronne eſt preſte, & que Dieu veut le recompenſer de ſes travaux, quoy que ſon amour luy en vouluſt faire embraſſer d'autres pour eſtendre plus loin la foy de ſon Maiſtre.

Ce Tableau a eſté fait par M. SOVRLAY en 1664.   XXXVII.

Simon le Magicien veut achepter de S. Pierre le don du S. Eſprit. Act. ch. 8.

LE Démon qui fit autrefois décheoir de ſon Apoſtolat le traître Iudas par le deſir des richeſſes, pretend aujourd'huy ſeduire le premier des Apoſtres par le meſme appas. L'Anatheme que S. Pierre prononce & ſur cét or qui luy eſt offert, & ſur ce marchand qui veut achepter le don du ſaint Eſprit, luy fait aſſez entendre que c'eſt en vain qu'il armera les

G iij

puissances de l'Enfer contre cette pierre fondamentale de l'Eglise ; Qu'elle sera toûjours inébranlable, & que Simon le Magicien donnera à l'heresie la plus infame le nom odieux de Simonie dont il a esté le pere.

Ce Tableau a esté fait par HEIMS en 1665.

XXXVIII.

Les SS. Paul & Silas en prison. Act: ch. 16.

CE fut ensuite de la flagellation de SS. Paul & Silas dans la ville de Philippes en Macedoine, que cette action si illustre qui est representée dans le trente-huitiéme Tableau arriva. La populace qui les avoit si cruellement traité, les jetta dans un cachot pour les en tirer le lendemain & les outrager de nouveau. Lors que sur le minuit il survint un tremblement de terre si violent, que toute la prison en fut ébranslée, les portes s'ouvrirent, & le Geollier ayant trouvé ses portes ouvertes, crut que les prisonniers s'en estoient fuis, ce qui fit qu'il tira son épée pour se tuer. Mais S. Paul l'en empescha, luy faisant voir que personne n'estoit sorty, & l'ayant rasseuré, cét homme touché de la grace de Dieu se jetta aux pieds des Apostres. C'est en cette posture que vous le voyez, il est prosterné à leurs pieds, le visage contre terre, couvert de confusion. Saint Paul l'exhorte avec beaucoup de douceur & de charité de se convertir à Dieu ; & S. Silas les bras & les yeux élevez au Ciel obtient par ses prieres la conversion de ce maheureux. Toute sa famille est touchée de ce spectacle, & les prisonniers sont extrémement surpris d'estre devenus de criminels & captifs des hommes qu'ils estoient, innocens & captifs de I. C. apres en avoir receu la grace par le Baptesme. *Ce Tableau a esté fait par M. DE MONTAGNE en 1666.*

XXXIX.
S. Paul lapidé dans la ville de Lystre. Act. ch. 14.

Ette mesme populace qui témoignoit aux Apostres Paul & Barnabé tant de reconnoissance des miracles qu'ils avoient fait dans leur ville, & qui vouloit leur sacrifier dans le seiziéme Tableau change presentement son amour en haine, son culte superstitieux en une fureur aveugle, & surprise qu'elle est par la calomnie des Iuifs; elle fait pleuvoir sur S. Paul une gresle de pierres au lieu mesme où elle luy preparoit des Hosties, & où elle répandoit sur luy des fleurs & des parfums. *Ce Tableau a esté fait par M. de CHAMPAGNE le jeune en 1667.*

XXXX.
Saint Barthelemy délivre la Princesse d'Armenie du Demon, dont elle estoit possedée.

Barthelemy invoque le nom de I. C. & la Princesse d'Armenie en presence du Roy son pere est délivrée du Demon qui la possedoit depuis si long-temps. Cét esprit mal-heureux ne sort qu'avec côtrainte d'un lieu qu'il avoit tyranniquement usurpé. Il imprime sur le visage de cette Princesse les marques funestes de sa rage, & de son desespoir. L'impetuosité avec laquelle il sort donne un branse si violent, & excite des élancemens si furieux que ces hômes forts & robustes la soustiendroient inutilement, & succomberoient sous le fardeau qui les accable, si le S. Apostre ne la retenoit par la main. On remarque sur le visage de cette affligée Princesse, malgré les accez violents & douloureux qu'elle a soufferts, une beauté accomplie, & une air de qualité qui la distingue de ses Demoiselles effrayées, dont elle est accompagnée. Cette puissance de Dieu & cette sainte innocence qui fait fuir le Demon, reluit en celuy de l'Apostre pendant qu'un silence profond qui regne sur tout le Tableau, donne lieu à cette attention de toute la Cour surprise d'une action si extraordinaire. Le Roy Polemon détourne les yeux de dessus cette Idole qui est devant luy. Il nous paroist également saisi de crainte & d'esperance. Et on croit que la Foy est naissante dans son cœur, & qu'il est prest de l'embrasser. Aussi la Princesse sa fille est à peine delivrée, que remply de zele, il fait abattre les Idoles, il détruit leurs temples, il chasse & proscrit leurs Prestres, & apres avoir receu le saint Baptesme il arbore par tout l'Estendard de la Croix. *Ce Tableau a esté fait par M. VIGNON le jeune en 1668.*

XXXXI.

Iesus-Christ monte au Ciel à la veue de ses Disciples. Act. ch. 1.

ESprits Bien-heureux, Princes celestes ouvrez vos portes, & vous Portes eternelles ouvrez vous, le Roy de gloire va faire son Entrée ! Ce Roy de gloire est le Dieu de force, & le Seigneur invincible dans les combats. Il remonte à son Pere revestu de son humanité sainte, & chargé des glorieuses dépoüilles qu'il a remporté sur ses ennemis. Il va la couronner de gloire dans ce jour de son triomphe, & la faire joüir plainement de la Divinité dont il l'avoit remplie lors qu'il décendit vers nous. Il promet à son Espouse la vertu & la grace de son Esprit, il embrase son cœur d'un feu nouveau, & à la vüe de ses Disciples qui le suivent des yeux, il s'éleve insensiblement vers le Ciel, il les comble de graces & de benedictions, & il entre dans une nüe qui le derobe à leurs yeux. Qu'elle joye pour nous. Cette forme d'Esclave dont I. C. avoit voilé sa Divinité devient à cette heure celle d'un Dieu. Cette nature captive qu'il avoit espousé entre en part de tous les biens de son Espoux, comme il avoit partagé autrefois avec elle ses souffrances ; Et elle est pour nous dans la gloire où elle regne, un gage asseuré du bonheur eternel qu'elle nous a acquis. *Ce Tableau a esté fait en 1669. par feu M. BOULOGNE.*

XXXXII.

Saint André à genoux devant sa Croix.

O Sainte Croix ! ô precieuse Croix ! Ie vous saluë, recevez-moy entre vos bras, & me rendrez à celuy qui s'est servy de vous pour me rachepter. O Croix dés long-temps souhaittée ! ô bonne Croix, que j'ay cherchée & desirée souvent ! presentez-moy à vostre Maistre, afin que m'ayant racheté par vostre moyen il me reçoive par vostre entremise. Ce sont les termes amoureux dont le S. Apostre André saluë cette Croix, devant laquelle le quarante-deuxiéme Tableau vous le represente à genoux ; il luy exprime par ses paroles toutes de feu l'amour dont il est consumé, & il fait voir à tout ce peuple qui regrette sa perte, qu'il va joüir du plus grand bien qu'il ait jamais souhaité. Ce fut Egée Proconsul d'Achaïe qui apres l'avoir fait cruellement foüetter, le condamna dans la ville de Patras à ce supplice, & luy procura la couronne du Martyre. Ce Tableau a esté fait par M. BLANCHARD le jeune en 1670.

XXXXIII.

Conversion de saint Denys. Act. ch. 17.

L'Action qui est depeinte dans le quarante-troisiéme Tableau nous est décrite en ces termes dans les Actes des Apostres. S. Paul attendoit Timothée & Silas dans Athenes. Il se sentoit ému, & comme irrité dans luy mémé, voyant que cette ville estoit si attachée dans l'idolatrie. C'est pourquoy soit dans la Synagogue, soit dans les places publiques, il annonçoit à tous ceux qui y estoient Iesus-Christ & la resurrection des morts. Les Atheniens, & les estrangers qui demeuroient à Athenes, qui ne passoient tout leur temps qu'à dire & entendre quelque chose de nouveau, le prirent & l'emmenerent à l'Areopage lieu où l'on rendoit la justice, en luy disant. Pourrions nous sçavoir de vous quelle est cette doctrine que vous publiez : car vous nous dites des choses dont nous n'avons pas encore oüy parler ? Alors l'Apostre leur dit, Que le Dieu qu'il preschoit estoit celuy auquel ils avoient dedié un autel sous le titre du Dieu inconnu, qu'il ne pouvoit estre figuré par des statuës de metal & de pierre ; qu'il vouloit estre adoré & servy en esprit ; & qu'un jour il devoit juger les hommes en les ressuscitant. Mais lors qu'il eut parlé de la resurrection des morts, ils l'interrompirent, & luy dirent en se moc-quant. Nous vous entendrons une autrefois. Saint Denys Senateur de l'Areopage qui y estoit present touché du discours de S. Paul se couvertit à luy, & il fut suivy de plusieurs autres, ausquels Dieu fit la mesme grace. Ce *Tableau a esté fait par* IEAN DE CANY *en* 1671.

XXXXIV.

Vocation de S. André & de S. Pierre S. Math. c. 4

IEsus-Christ marchant le long de la mer de Galilée vit deux freres, Simon apellé Pierre

& André son frere qui jettoient leurs filets dans la mer, car ils estoient pescheurs, & il leur dit, *suivez-moy, & je vous feray pescheurs d'hommes*, & ils quitterent leurs filets & ils le suivirent. Ce Tableau a esté fait par M. CORNEILLE le jeune en 1672.

XXXXV.
Le Paralytique guery par Iesus-Christ.
En S. Math ch. 9.

LEs pechez de ce Paralytique sont remis, le Fils de Dieu parle, & c'est en vain orgueilleux Pharisien que tu en murmures. La foy de ce pauvre homme obtient du Sauveur un miracle dont tu ne pourras douter. Iesus-Christ convainc tes sens aveugles par la guerison exterieure de ce Paralytique, qu'il est en droit de le guerir interieurement, & qu'il l'est indubitablement, puis qu'il luy a dit, *ayez confiance mon Fils tes pechez te sont remis*. En effet cét homme se leve avec confiance de son lict ou on l'avoit exposé ; Il tend les bras vers son liberateur, dont la Majesté remplit de confusion ses lasches ennemis, & il excite par son exemple ce peuple saisi de joye & d'admiration qui l'environne, à rendre graces à Dieu d'un miracle si extraordinaire. C'est ce qui nous est tres bien representé dans le Tableau de Monsieur IOVVENET l'aisné donn. en 1673.

XXXXVI.

Herodias perce la langue de saint Iean Baptiste, dont on luy apporte la teste dans un plat.

Arreste mal-heureuse Herodias. Cette langue sacrée que tu perces pour t'avoir reproché ton incsto, & qui toute morte qu'elle est te le reproche encore, est cette mesme langue qui a formé autrefois la voix du Seigneur. Elle a esté l'organe du S. Esprit pour exciter les hommes à la penitence, & pour preparer les Voyes au Fils de Dieu; Et elle sera un jour celuy du juste Iuge des vivants & des morts pour te condamner aux feux eternels. Cét homme dont ta fille t'aporte la teste pour prix de sa danse criminelle: cét homme, estoit le plus grand des Enfants des hommes, le Precurseur du Messie, & le Prophete Evangelique de son Advenement: Iean Baptiste le premier Martyr de la pureté vient d'expirer par le commandement d'Herodes sous le cousteau qui sepère sa teste d'avec son corps. Il va porter aux SS. Peres les premieres nouvelles de leur delivrance, & il est le Precurseur de I. C. dans les Lymbes, comme il l'a esté dans le monde: Ses Disciples ayant appris sa mort viennent en pleurant rendre les derniers devoirs à leur Maistre & le mettent dans un tombeau. En S. Math: ch. 14.

Ce Tableau a esté fait par M. AVDRAN en 1674.

D

XXXXVII.

Saint Estienne condüit au martyre. Aux Act. ch. 6

CEtte troupe de forcenez qui se jette avec violence sur saint Estienne, & qui le frappe avec furie, ne peut plus resister au saint Esprit qui parle par sa bouche, leur grincement de dents est la marque de la rage dont leur cœur est saisi. Cette beauté Angelique qui brille sur le visage du Saint les anime davantage contre luy. Ces paroles qu'il leur prononce d'un ton plein de feu & de zele. *Je vois les Cieux ouverts, & le Fils de l'Homme à la droite de Dieu son Pere*, excitent tellement leur fureur, qu'ils se bouchent les oreilles pour ne le plus écouter, & qu'ils l'enlevent hors de la ville pour le lapider. Ce *Tableau a esté fait en* 1675. *par* M. HOÜASSE.

XXXXVIII.

Saint Paul & Saint Barnabé se separent.
Aux Act. ch. 15.

LEs SS. Apostres Paul & Barnabé apres avoir porté aux Eglises des Fidelles d'Antioche les Lettres du Concile de Ierusalem, & en avoir fait recevoir les Canons, jugerent apropos de retourner ensemble visiter leurs freres par toutes les villes où ils avoient presché la parolle du Seigneur pour voir en quel estat ils estoient. Mais Dieu qui vouloit les separer, afin qu'ils estendissent plus loin la predication de l'Evangile, permit qu'il se formast entre-eux une contestation qui les éloignast l'un de l'autre, dont voicy le sujet. Quand ces deux Saints furent envoyez par le sacré college des Apoſtres pour annoncer l'Evangile aux Gentils. Iean ſurnommé Marc leur fut donné pour Coadjuteur dans leur miſſion. Celuy-cy les ayant quitté à Pamphylie où ils preſchoient pour s'en retourner en Ieruſalem, ou peut-eſtre eſtoit-il rapelé. S. Paul ne voulut pas ſouffrir qu'il fut du voyage qu'ils alloient entreprendre quoy que S. Barnabé l'en euſt inſtamment prié, & l'eut pris pour luy. Il luy diſoit qu'il n'eſtoit pas apropos de prédre avec eux celuy qui les avoit quittez, & qui ne les avoit pas accompagné dans leur miniſtere. Et comme il vit que S. Barnabé perſiſtoit toûjours dans ſa reſolution, il ſe ſepara de luy. C'eſt ainſi que nous les voyons dans ce Tableau. Saint Barnabé va s'embarquer avec Marc pour aller en Chypre, & S. Paul ayant choiſi Silas prend le chemin des montagnes pour traverſer la Syrie & la Cilicie ſelon ſon premier deſſein.

Ce Tableau à eſté fait par M. BALIN *en* 1676.

Permis d'imprimer ce 23. Avril 1676.
DE LA REYNIE.

APPROBATION DES DOCTEVRS.

NOvs sous-signez Docteurs en Theologie de la Faculté de Paris : certifions que Nous avons leu la *Description des Tableaux de l'Eglise de Paris*; Et que Nous n'y avons rien trouvé qui soit contraire à la foy Catholique Apostolique & Romaine. Et Nous avons jugé que ces Tableaux qui sont l'Ouvrage des premiers Peintres de nostre temps, pourroient en y joignant cette Description, estre regardez comme une peinture parlante qui peut inspirer dans l'ame des Fideles les sentimens de la pieté en leur expliquant les Histoires qui y sont representées. Donné à Paris ce 21. Avril 1676.

DELAMET, Chanoine de l'Eglise de Paris.

COCQUELIN, Chanoine de l'Eglise de Paris, Docteur de la Maison & Societé de Sorbone.

www.ingramcontent.com/pod-product-compliance
Lightning Source LLC
Chambersburg PA
CBHW030100230526
45471CB00003B/1177